*Die besseren
Vergrößerungsgläser
für die Freuden der Welt sind
die, aus denen man trinkt.*

Joachim Ringelnatz

Likör & Pralinen

Ein Genießer-Büchlein

BuchVerlag
für die Frau

ISBN 3-89798-020-7

© BuchVerlag für die Frau, Leipzig 2000

Text: Simone Edelberg
Lore Jacobi (Kapitel: Süße Sünden)
Fotos: Simone Edelberg (22),
Uwe Hämsch (1), Brigitte Weibrecht (1),
Lore Jacobi (2),
The Food Professionals (1)
Einband, Typografie, Satz:
Lore Jacobi, Jesewitz
Druck: Salzland Druck GmbH & Co. KG,
Staßfurt
Bindearbeiten: Müller Buchbinderei GmbH
Leipzig
Printed in Germany

Inhalt

Vorwort 6

Liköre selber machen 10

Ansatzalkohol 10
Kein Likör ohne Wasser 11
Zucker bei der
Likörbereitung 13

Frucht- & Kräuterliköre 22

Eierlikör & Co. 81

Süße Sünden 108

Rezeptverzeichnis 123

Vorwort

Die Geburtsstunde von Likören liegt ebenso im Dunkel der Geschichte wie die des Weines oder Bieres. Bekannt ist, dass sich vor allem die mittelalterlichen Klöster Verdienste um die europaweite Verbreitung der Brau- und Brennkunst erworben haben. Neben Schulen unterhielten sie nämlich auch Weinkellereien und Destillen, von denen noch heute viele für ihre aromatischen Erzeugnisse berühmt sind. Zunächst wurden mit Mixturen aus Branntwein, Kräutern und Früchten Kranke geheilt. Irgendwann muss dann ein besonders pfiffiger Mönch auf den Gedanken gekommen sein, den Branntwein mit Zucker zu versetzen, um das bittere, scharfe Getränk den Kranken schmackhafter zu machen. Man nannte das neue Getränk *liquor*, nach dem lateinischen Wort für Flüssigkeit.

Doch die Kunst der Mönche wurde (zum Glück) auch außerhalb der Klostermauern bekannt. Apotheker und Alchemisten bemühten sich um das Geheimnis der Likörfabrikation und verschrieben leckere Liköre sozusagen "auf Rezept".

Auch unsere Großmütter wussten noch um das Geheimnis der Likörbereitung. Heute sind leider viele der jahrhundertealten Rezepte in Vergessenheit geraten. Dabei ist es unkompliziert und preiswert, guten Likör wie auch köstliche Süßigkeiten selbst herzustellen. Man besinnt sich heute wieder auf die bewährten Traditionen und entdeckt die Vorzüge hausgemachter Köstlichkeiten: einwandfreie Qualität, individueller Geschmack, Freude am Selbstgeschaffenen, preiswerte Herstellung.

Liköre Ansatzalkohol *selber machen*

Welcher Alkohol zum Ansetzen von Schnäpsen und Likören verwendet wird, ist eine Frage der persönlichen Vorliebe. Entscheidend ist stets die Qualität des Ansatzalkohols: Aus einem minderwertigen Alkohol lässt sich keine edle Spirituose zaubern. Unsere Großmütter haben Liköre und Schnäpse meist mit 96-%-igem Weingeist, Korn oder Obstbranntwein angesetzt, um damit die Früchte besonders stark auszulaugen. In meiner Familie wird von alters her meist mit Wodka, Doppelkorn oder einem anderen Branntwein angesetzt, dessen vorhandener Eigengeschmack auf den der Ansatzfrüchte und -kräuter abgestimmt ist. Cognac oder ein edler Weinbrand, weich im Geschmack, rundet z.B. aromatische Früchte wie Walderdbeeren oder Himbeeren harmonisch ab.

Kein Likör ohne Wasser

Wasser ist eines der kostbarsten Güter dieser Erde und eine der wichtigsten Ingredienzen in der häuslichen Likörbereitung. Zur Verdünnung der für die Likörherstellung nötigen Säfte eignet sich weiches oder destilliertes Wasser besonders gut. In der Regel können Sie aber davon ausgehen, dass die häusliche Wasserqualität den Ansprüchen einer guten Likörbereitung genügt. Sollte es jedoch mit so viel Chlor versetzt sein, dass der üblicherweise neutrale Geruch und Geschmack des Trinkwassers negativ beeinflusst ist, dann ist es besser, das Chlor mit Hilfe eines Spezialfilters mit Aktivkohle zu entfernen.

Zucker bei der Likörbereitung

Zucker gehört, neben Alkohol und Wasser, zu den Hauptingredienzen in der Likörbereitung. Die Zugabe erfolgt zumeist in Form von Sirup oder einer Zuckerlösung. Für den Likörerzeuger ist der Reinheitsgrad einer Zuckersorte maßgeblich. Beim Rohr- oder Rübenzucker unterscheidet man zwischen Würfel-, Hut-, Kristall- und Kandiszucker. Der Kandiszucker ist der reinste Zucker. Ihm folgen Hutzucker, Kristallzucker und die Raffinade.

Herstellung von Zuckersirup

Es gibt viele unterschiedliche Rezepte für die Herstellung von Zuckersirup. Da für die Likörbereitung im Allgemeinen große Mengen benötigt werden, finden Sie hier ein Rezept für die Herstellung von 5 l Zuckersirup:

5 kg feinen Zucker mit 2,1 l destilliertem Wasser vermischen und unter stetigem Rühren zum Kochen bringen. Ist der Siedepunkt erreicht, 3 g in wenig Wasser aufgelöste Zitronen- oder Weinsäure hinzufügen. Die sich rasch verdickende

Masse etwa 10 Minuten köcheln lassen. Dabei den sich auf der Oberfläche bildenden Schaum mit einem Schaumlöffel abschöpfen. Den Sirup abkühlen lassen und filtern.

Bunter Zuckersirup

Zuckersirup lässt sich mit Lebensmittelfarben (gibt es flüssig oder als Pulver zu kaufen) einfärben, um die natürliche Farbe der selbst gemachten Liköre und Ansatzschnäpse zu betonen. Origineller ist es, die hausgemachten Spirituosen mit Pflanzenteilen einzufärben.

Veilchensirup

Einen 1-Liter-Topf mit frischen Veilchenblüten füllen und sofort nach dem Pflücken abdecken, damit sich ihr empfindliches Aroma nicht verflüchtigt. Dann die Blütenblätter mit dem frisch gepressten Saft einer Zitrone beträufeln und mit 300 ml kochendem Wasser übergießen. Diese Mixtur mit einem Teller beschweren und den Topfdeckel aufsetzen, bevor der Topf für zwei Tage an einen dunklen und kühlen Ort gestellt wird. Nach Ablauf dieser Zeit die Blütenblätter von Hand auspressen und den erhaltenen Saft mit 100 g Zucker aufkochen. Den bläulichen Sirup nach dem Erkalten in Flaschen abfüllen.

Holundersirup

250 g reife Holunderbeeren mit ⅛ l Wasser aufkochen, bis die Beeren weich und musig sind. Dann vorsichtig durch ein Mulltuch pressen und mit 50 g feinem Zucker aufkochen. Erkaltet in Flaschen füllen. Holundersirup gibt einen schönen, dunklen Rotton.

Safransirup

Safran macht nicht nur den Kuchen gehl, sondern verleiht auch Apfel- und Birnenlikören eine schöne, goldgelbe Farbe. Dazu 8 g rötlichen Safran mit 1/4 l kochendem Wasser aufbrühen und so lange köcheln lassen, bis die Flüssigkeit auf die Hälfte eingekocht ist. Durch ein Mulltuch pressen und mit 80 g Zucker aufkochen. Nach dem Erkalten in Flaschen füllen.

Zuckercouleur

Mit gebranntem Zucker kann ein natürlicher Farbstoff hergestellt werden, der selbst gemachtem Likör ein appetitliches Aussehen verleiht. Hierzu verwendet man am besten Kristallzucker, der unter ständigem Rühren in einer Pfanne erhitzt wird. Nach und nach beginnt er zu schmelzen, wird dunkler und nimmt schließlich ein sirupartiges Aussehen an. Wichtig ist, die Zuckercouleur sorgfältig im Auge zu behalten, da sie eine starke Neigung zum Verkohlen besitzt.

Die erhaltene zähe Masse wird in einem Becherglas zu gleichen Teilen mit einer Alkohol-Wasser-Mischung (1:1) vermischt. Nach wenigen Tagen sinken die alkoholunlöslichen Partikel zu Boden. Nun muss die über dem Bodensatz stehende klare Flüssigkeit abgegossen und in kleine Fläschchen abgefüllt werden.

Frucht- & Kräuterliköre

Für die Herstellung von aromatischen Fruchtlikören kann die gesamte Frucht ebenso verwendet werden wie ihr Saft. Dem intensiven Aroma der zu verwendenden Frucht kommt dabei eine besondere Bedeutung zu. Es ist noch wichtiger als der Alkoholanteil. Geachtet werden sollte auf Frische, Reife und Qualität, wenn das Aroma einer Frucht in der Flasche eingefangen werden soll.

Apfelkorn

Zubereitungszeit 4 Wochen

3 saure Äpfel, 1 l Korn.

Äpfel waschen, trockenreiben und vom Kerngehäuse befreien. Mit Schale klein schneiden und mit Korn übergießen. Gefäß verschließen und an einem warmen Ort rund drei bis vier Wochen ziehen lassen. Zwischendurch verkosten. Abfiltern und in Flaschen füllen.

Trinken ist ein Laster – aber ein schönes.

(Volksmund)

Apfellikör

Zubereitungszeit 2 Wochen

*500 g saure Äpfel,
0,7 l Calvados, 1/4 l Wasser,
250 g Zucker, 1/4 l Quittensaft,
etwas frischer Zitronensaft,
Zimtpulver, 3 g Gelatinepulver.*

Äpfel waschen, entkernen und mit dem Calvados im Mixer pürieren. Den Brei in ein Einmachglas geben und rund 14 Tage kühl stellen. Anschließend abfiltern. Aus Wasser und Zucker eine Lösung bereiten. Den Quittensaft mit dem Gelatinepulver verrühren, mit Zitronensaft und Zimt abschmecken. Alle Flüssigkeiten sehr sorgfältig verrühren und in Flaschen füllen.

Brombeerlikör

Zubereitungszeit 2 Wochen

*500 g reife Brombeeren,
1/4 l Wasser, 250 g Zucker,
etwas frischer Zitronensaft,
1/8 l Sauerkirschsaft,
1/4 l Weingeist,
3 EL Apfelkorn,
Wasser zum Auffüllen.*

Brombeeren verlesen und mit einer Gabel zerdrücken. Das Fruchtmus in eine bauchige

Flasche geben und zur Gärung ansetzen. Nach rund fünf Tagen abfiltern. Den während der Gärung entstandenen Trester in den Entsafter geben und den erhaltenen Saft unter den vergorenen Saft rühren. Aus Wasser und Zucker eine Zuckerlösung herstellen. Saft und Zuckerlösung mit Zitronensaft, Sauerkirschsaft, Weingeist und Apfelkorn vermischen. Mit Wasser auffüllen, bis eine Menge von einem Liter erreicht ist. Die Flüssigkeit an einem kühlen Ort eine Woche ziehen lassen, abfiltern und in Flaschen füllen.

Crème de Framboise

Zubereitungszeit 8 Wochen

500 g frische Himbeeren, Schale einer unbehandelten halben Zitrone, 0,7 l Brandy, 1/2 l Zuckersirup.

Himbeeren abspülen, pürieren und mit Zitronenschale und Brandy ansetzen. Vier Wochen an einem kühlen Ort ziehen lassen. Durch ein Mulltuch abfiltern und die Fruchtmasse dabei kräftig ausdrücken. Gegebenenfalls noch ein Mal filtern. Mit Zuckersirup vermischen und in kleinen Flaschen sechs Wochen reifen lassen.

Crema de Plátano

Zubereitungszeit 1 Woche

*2 Bananen, 1/2 Vanilleschote,
1/4 Zimtstange,
1/2 l Zuckersirup,
0,7 l Wodka.*

Die Bananen schälen, pürieren und mit den übrigen Zutaten vermischen. Rund eine Woche ziehen lassen. Sorgfältig filtern und in Flaschen füllen. Die Crema de Plátano kann sofort genossen werden, erhält nach einer Reifezeit von drei Monaten aber ein intensiveres Aroma. Sie schmeckt wundervoll als Aperitif oder über Vanilleeis!

Erdbeerlikör

Zubereitungszeit 3 ¹/₂ Wochen

*500 g reife Erdbeeren,
250 g Zucker,
3 g Gelatinepulver,
0,7 l Weinbrand,
Wasser zum Auffüllen.*

Erdbeeren waschen, trockentupfen und mit einer Gabel zerdrücken. Mit Zucker bestreuen. Gelatinepulver in lauwarmem Wasser quellen lassen und auf das Erdbeermus geben. Das Ganze einen Tag Saft ziehen lassen. Am darauf folgenden Tag den Erdbeersaft in ein frisches Gefäß schütten, mit ¹/₄ l

Weinbrand übergießen und kühl stellen. Den zurückgebliebenen Erdbeertrester durch ein Mulltuch pressen und den so entstandenen Saft mit dem restlichen Weinbrand übergießen. Nach einer Woche die Trester-Weinbrand-Mixtur abfiltern und mit der Saft-Weinbrand-Mischung verrühren. Zwei Wochen ruhen lassen, filtern und in Flaschen aus blauem oder grünen Glas abfüllen, da Erdbeerlikör sehr lichtempfindlich ist.

Feinschmecker verwenden für Erdbeerlikör die kleinen, aromatischen Walderdbeeren.

Birnenlikör

Zubereitungszeit 1 Tag

*¹/4 l klarer Birnensaft,
¹/4 l Wasser,
350 g Zucker,
330 ml Wodka.*

Birnensaft, Wasser und Zucker vermischen und auf 85° C erhitzen. Nach dem Abkühlen Wodka hinzufügen und in Flaschen füllen.

*Man trinkt nicht, um zu fallen;
man trinkt, sich zu erheben.*

(Friedrich Bodenstedt)

Blue Grapefruit

Zubereitungszeit 10 Tage

*2 unbehandelte Grapefruits,
³/₄ l Brandy,
¹/₄ l Zuckersirup,
blaue Lebensmittelfarbe.*

Grapefruits waschen und sorgfältig trockenreiben. Schale abraspeln und mit Brandy übergießen. Zehn Tage abgedeckt an einem kühlen Ort ziehen lassen. Abfiltern und mit Zuckersirup vermischen. Blau einfärben und in Flaschen füllen.

Heidelbeerlikör

Zubereitungszeit 6 Wochen

*500 g reife Heidelbeeren,
0, 7 l Branntwein,
350 ml Zuckersirup,
50 ml Cognac,
je 5 ml Nelken- und Zimtessenz, 1/4 TL Muskat,
1 Prise Ingwer.*

Heidelbeeren mit einer Gabel zerdrücken und bei einer Raumtemperatur von 20° C zwei Tage angären lassen; dabei zwei bis drei Mal am Tag umrühren. Saft abpressen und 100 ml (!) Branntwein hinzufügen. Für drei Tage an einen kühlen Ort stellen, damit sich der alkoholisierte Saft klären kann, dann mit einem Schlauch abziehen und filtern. Anschließend mit Zuckersirup und restlichem Branntwein vermischen. Das Ganze mit Cognac, Essenzen und Gewürzen abschmecken. Fünf Wochen reifen lassen, filtern und in Flaschen abfüllen.

Das erste Glas – zur Gesundheit, das zweite macht uns lustig, das dritte ist von Übel.

(russisch)

Himbeergeist

Zubereitungszeit 1 Woche

*500 g frische Himbeeren,
0,7 l Gin, 450 g Zucker.*

Himbeeren waschen, mit einer Gabel zerdrücken und mit den übrigen Zutaten vermischen. Eine Woche lang an einem kühlen Ort ziehen lassen. Jeden Tag sanft schütteln. Abfiltern, wenn sich der Zucker vollständig aufgelöst hat. In schönen Flaschen aufbewahren.

*Trinke aus dem Becher,
so lange er voll ist.*
(rumänisch)

Rosenlikör

Zubereitungszeit 1 Monat

4 Tassen unbehandelte Rosenblätter, 1/4 l Wasser, 1/4 l Weingeist, 400 g Zucker, 1/4 l Weißwein, 1/4 l Doppelkorn.

Rosenblätter am frühen Morgen sammeln, um ihr volles Aroma zu erhalten. Sofort verlesen und nach Insekten absuchen. In ein Einmachglas geben, mit dem Weingeist übergießen und luftdicht verschließen. Einen Monat ziehen lassen. Aus Wasser, Zucker und Weißwein eine Zuckerlösung herstellen. Abkühlen lassen.

Rosenblätter-Ansatz abfiltern. Anschließend mit Doppelkorn nachspülen und die Blätter von Hand auspressen. Den erhaltenen Rosenblattextrakt mit der Zuckerlösung vermischen und in bauchige Karaffen füllen.

Kirschlikör

Zubereitungszeit 5 1/2 Monate

*400 g Schattenmorellen,
200 g weißer Kandis,
1 Zimtstange,
1 Gewürznelke,
0,7 l Weinbrand.*

Kirschen waschen und gut abtropfen lassen. Vorsichtig trockentupfen. Stiele abzupfen. Einige Kirschen entsteinen und diese mit dem Hammer zerschlagen. Kirschen, zerstoßene Kirschkerne, Kandis und Gewürze in einen Rumtopf geben und mit Weinbrand übergießen. Topf verschließen und sechs Wochen ziehen lassen. Dann den Likör abfiltern und in Flaschen füllen. Mindestens vier Monate reifen lassen. Kirschlikör schmeckt köstlich auf sahnigem Vanilleeis oder Pudding!

Hagebuttenlikör

Zubereitungszeit 2 Wochen

*500 g Hagebutten,
1/2 l Wodka, 250 g Zucker,
1/8 l Wasser.*

Hagebutten waschen und gut abtropfen lassen. Dann halbieren, in ein Einmachglas geben und mit Wodka übergießen. Das Einmachglas verschließen und zwei Wochen an einen warmen, sonnigen Platz stellen. Aus Zucker und Wasser eine Zuckerlösung herstellen. Hagebuttenansatz filtern und die Zuckerlösung dazugeben. In Flaschen füllen.

füllen und verschließen. Zehn Tage ziehen lassen, dabei zwei Mal täglich sanft durchschwenken. Am letzten Tag ruhen lassen. Aus Zucker und Mineralwasser einen Sirup kochen, erkalten lassen, abfiltern und dem Ansatz hinzufügen. Gut schütteln und zwei Tage ruhen lassen. Den Likör zwei Mal filtern, dabei vor der zweiten Fütterung die Pflanzenteile gut auspressen. Grün einfärben und in Flaschen abfüllen. Kartäuserlikör eignet sich sowohl als Aperitif als auch als Digestif.

Kartäuserlikör

Zubereitungszeit 12 Tage

*3 g Korianderkörner,
1,5 g Aniskörner, 1 cm Zimtstange, 1 g Angelikawurzel,
1 Prise Muskatnuss,
1 Msp. Safran,
je 0,5 g Ysopspitzen, Melisse,
und Quendel, 1 Tannenknospe,
1 l Branntwein,
650 g brauner Zucker,
1/2 l Mineralwasser ohne
Kohlensäure,
grüne Lebensmittelfarbe.*

Alle Kräuter und Gewürze in einem Mörser zerstoßen. Mit Branntwein in einen Glasballon

Kleeschnaps

Zubereitungszeit 8 Wochen

*3 Hand voll Blüten
vom Rotklee,
1 l Korn,
100 g weißer Kandis.*

Kleeblüten vorsichtig im kalten Wasser spülen und sanft trockentupfen. Kandis in ein Einmachglas geben, Kleeblüten hinzufügen und alles mit Korn übergießen. Sechs Wochen auf einem sonnigen Fensterbrett ziehen lassen, filtern und in Flaschen abfüllen. In den Flaschen weitere zwei Wochen nachreifen lassen.

Orangenlikör

Zubereitungszeit 2 Wochen

*3 unbehandelte Orangen,
1 unbehandelte Zitrone,
1/4 l Wodka, 500 g Zucker,
1/4 l Wasser, Weinbrand,
etwas frischer Zitronen- und
Orangensaft.*

Zitrusfrüchte fein schälen, so dass alles Weiße von der Schale entfernt ist, da dieses zu viele Bitterstoffe abgibt. Schalen mit Wodka übergießen. Zehn Tage ziehen lassen, dann abfiltern. Aus Zucker und Wasser eine Zuckerlösung bereiten und dem Extrakt hinzufügen.

Mischung mit Weinbrand, Zitronen- und Orangensaft abschmecken. Anschließend vier Tage kühl stellen. Drei Mal durch einen Papierfilter laufen lassen und in Flaschen füllen. Rasch verbrauchen!

Marillengeist

Zubereitungszeit 1 Tag

400 ml Marillensaft, zerstoßene Marillenkerne, 300 ml Zuckersirup, 300 ml Wodka.

Alle Flüssigkeiten und die Kerne gut vermischen und in schöne Karaffen füllen.

Holunderbeerenlikör

Zubereitungszeit 1 Tag

*500 g reife Holunderbeeren,
1/2 Vanilleschote,
1/4 l Wasser,
500 g Zucker,
1/2 l Weinbrand,
1/8 l roter Johannisbeersaft,
2 EL frischer Zitronensaft.*

Holunderbeeren waschen, abzupfen und mit der halben Vanilleschote und wenig Wasser etwa fünf bis zehn Minuten kochen lassen. In der Zwischenzeit aus Wasser und Zucker eine Zuckerlösung bereiten. Holunderbeeren in einen Ent-

safter geben und den erhaltenen Saft mit Weinbrand und Zuckerlösung vermischen. Die Mixtur abfiltern. Johannisbeersaft und Zitronensaft hinzufügen und in Flaschen füllen.

Sauerkirschlikör

Zubereitungszeit 1 Tag

*1/2 l klarer Sauerkirschsaft,
1/2 l Zuckersirup,
1 l Cognac.*

Alle Flüssigkeiten miteinander vermischen und in kleine Flaschen oder Karaffen füllen.

Kräuteraperitif

Zubereitungszeit 12 Tage

*je 6 g Angelikasamen und
Korianderkörner,
je 4 g Fenchel- und Aniskörner,
1 unbehandelte Zitrone,
Fruchtfleisch von 1/2 Zitrone,
1 1/2 l Wodka,
500 g brauner Zucker,
300 ml Mineralwasser
ohne Kohlensäure.*

Alle Körner in einem Mörser zermahlen, die Schale der Zitrone abreiben, das Fruchtfleisch der halben Zitrone in sehr kleine Stücke schneiden und alles mit dem Wodka in einen Glasballon füllen. Verschließen, kräftig schütteln und zehn Tage ziehen lassen. Während dieser Zeit zwei Mal täglich sanft schwenken. Aus Zucker und Mineralwasser einen Sirup kochen, erkalten lassen und durch ein sauberes Küchentuch filtern. Sirup zum Kräuteransatz geben, gut schütteln und einen Tag ruhen lassen. Am folgenden Tag abfiltern und in eine frische Flasche füllen.

Zitronenlikör

Zubereitungszeit 4 Tage

*150 g frische Zitronenschalen,
150 ml Weingeist,
1/8 l frischer Zitronensaft,
50 ml Weinbrand,
200 ml Weingeist,
1/4 l Wasser,
400 g Zucker,
Wasser zum Auffüllen.*

Die vollkommen von der weißen Pulpa befreiten Zitronenschalen mit 150 ml Weingeist übergießen und sechs Stunden ziehen lassen. Abfiltern. Zitronensaft, Weinbrand und restlichen Weingeist vermischen.

Aus Wasser und Zucker eine Lösung herstellen, zum Liköransatz geben. Saft-Alkohol-Mischung darunter rühren und alles für drei Tage in den Kühlschrank stellen. Dann mehrere Male durch ein und denselben Filter gießen und in Flaschen füllen. Innerhalb kurzer Zeit verbrauchen!

Liköre und Schnäpse aus spritzigen Zitrusfrüchten sind besonders vielfältig. Sie geben Salatsoßen den gewissen Pfiff, runden andere Likörmischungen ab oder erfrischen an einem kühlen Sommerabend auf Eis.

Kiwilikör

Zubereitungszeit 8 Wochen

*10 druckfeste Kiwis,
250 g weißer Kandis,
1 Vanilleschote, 0,7 l Korn,
grüne Lebensmittelfarbe.*

Kiwis schälen und in kleine Stücke schneiden. Vanilleschote der Länge nach halbieren und alles mit den übrigen Zutaten in eine Flasche füllen. Rund acht Wochen an einem dunklen Ort ziehen lassen, abfiltern und nach Belieben einfärben. In kleine Flaschen abfüllen.

Grüne Pflaume

Zubereitungszeit 10 Tage

*1 kg grüne Pflaumen,
3 Nelken, 1 Zimtstange,
1/2 l Wodka,
200 ml Zuckersirup.*

Pflaumen waschen, halbieren und entkernen. Mit Wodka übergießen und zehn Tage zugedeckt an einem kühlen Ort ziehen lassen. Abfiltern und mit Zuckersirup vermischen. In Flaschen füllen.

Ich mag es gern leiden, wenn auch der Becher überschäumt.

(Friedrich Schiller)

Zitronenwodka

Zubereitungszeit 1 Tag

1 unbehandelte Zitrone,
0,7 l Wodka.

Die äußere Schale von einer unbehandelten Zitrone dünn abraspeln und 24 Stunden im Wodka ziehen lassen. Abfiltern, in Karaffen füllen und – genießen!

*Es ist eine Torheit,
sich nicht zu betrinken,
weil die Nüchternheit
auf die Trunkenheit folgt.*
(Friedrich Hebbel)

Schlehenlikör

Zubereitungszeit 4 Wochen

*250 g reife Schlehen,
1/8 l Weingeist,
200 g Zucker, 1/8 l Wasser,
1 Zimtstange, 2 Nelken,
1/8 l klarer Kirschsaft,
Rum, Wasser zum Auffüllen.*

Schlehen verlesen, kurz abbrausen und sorgfältig trockentupfen. Früchte im Einmachglas mit einer Gabel zerdrücken und mit Weingeist übergießen. Vier Wochen ziehen lassen. Aus Wasser und Zucker unter Zugabe der Gewürze eine Zuckerlösung herstellen.

Schlehenbeerenextrakt abfiltern und mit der Zuckerlösung vermischen. Kirschsaft hinzufügen und mit Rum abschmecken. Gegebenenfalls mit Wasser auf einen Liter ergänzen. In Flaschen füllen.

Schlehenschnaps

Zubereitungszeit 5 Monate

750 g Schlehen,
300 g weißer Kandis,
2 Zimtstangen,
0,7 l Doppelkorn.

Schlehen verlesen, waschen, gut abtropfen lassen und zerdrücken. Dabei mit dem Mörser auch ein paar Kerne zerstoßen, um ihr feines Aroma frei zu setzen. Fruchtbrei mit Kandis und den Zimtstangen in das Einmachglas geben und den Korn darüber gießen. Einmachglas schließen und bei Zimmertemperatur vier Wochen ziehen lassen, bis sich der Kandis aufgelöst hat. Abfiltern und in Flaschen füllen. An einem kühlen und dunklen Ort mindestens vier Monate reifen lassen.

Traubenlikör

Zubereitungszeit 1 Tag

*700 ml weißer oder
roter Traubensaft,
200 ml Weinbrand,
100 ml Zuckersirup.*

Alle Flüssigkeiten miteinander vermischen und in kleine Flaschen oder Karaffen abfüllen.

*Findet ihr zum Müßiggehen
einen Tag, so geht!
Seht ihr ein paar Gläser
stehen,
trinkt, wo ihr sie seht.*

(Shijing, 5.Jh. v.u.Z.)

Pfefferminzlikör

Zubereitungszeit 1 Tag

*5 bis 10 Tropfen naturreines
Pfefferminzöl, 1/2 l Wodka,
0,5 g kristallisiertes Menthol,
400 ml Zuckersirup,
grüne Lebensmittelfarbe,
frische Pfefferminzzweige.*

Pfefferminzöl und Menthol im Wodka auflösen. Mit Zuckersirup vermischen. Mit grüner Lebensmittelfarbe so einfärben, dass der Likör schön "pfefferminzig" aussieht. In langhalsige Flaschen abfüllen und nach Belieben kleine Pfefferminzzweige hineingeben.

Wacholdergeist

Zubereitungszeit 3 Wochen

*250 g frische
Wacholderbeeren,
1/2 l Doppelkorn,
250 ml Zuckersirup.*

Wacholderbeeren mit einer Gabel zerdrücken und mit Doppelkorn übergießen. Das dicht verschlossene Gefäß drei Wochen ruhen lassen. Den Wacholderbeerextrakt abfiltern und mit Zuckersirup vermischen. In Flaschen füllen.

Roter Ribisel

Zubereitungszeit 1 Tag

1/4 l roter Johannisbeersaft, 350 ml Zuckersirup, 1/2 l Wodka.

Alle Flüssigkeiten gut miteinander vermischen und in schöne kleine Flaschen oder Karaffen füllen.

Schwarzer Ribisel

Zubereitungszeit 5 Monate

1 kg reife schwarze Johannisbeeren, 125 g Himbeeren, 2 Gewürznelken, 2 l Cognac, 500 g Zucker, 1/4 l Wasser.

Johannisbeeren waschen, abtropfen lassen, verlesen und in einer Schüssel zerdrücken. Die Himbeeren verlesen und mit den Nelken hinzugeben, mit Cognac übergießen. Alles gut durchrühren. Die Schüssel mit Frischhaltefolie sorgfältig abdecken und bei Zimmertemperatur etwa zwei Monate ziehen lassen. Nun Zucker und Wasser so lange köcheln lassen, bis sich der Zucker vollständig aufgelöst hat. Abkühlen lassen, filtern und mit der Zuckerlösung vermengen. In Flaschen abfüllen, verschließen. Mindestens drei Monate reifen lassen.

Großmutters Quittenlikör

Zubereitungszeit 2 Monate

500 g reife Quitten,
¹/₄ l Wasser,
2 g Gelatinepulver,
¹/₈ l Weingeist,
1 l Doppelkorn auf 1 l Saft,
300 g Puderzucker,
1 Zimtstange, 5 Gewürznelken.

Quitten waschen, Flaumhärchen abreiben und die Früchte durch den Fleischwolf drehen. Das Quittenpüree mit Wasser eine halbe bis eine Stunde sanft köcheln lassen. Abkühlen. Die Gelatine in warmem Wasser auflösen und mit dem Wein-

geist unter das Fruchtpürree rühren. 24 Stunden stehen lassen und dann auspressen. Die Saftmenge abmessen und je Liter Saft 1 l Doppelkorn hinzufügen. Puderzucker, Zimt und Nelken dazugeben und sorgfältig unterrühren. In einen Rumtopf geben, verschließen und zwei Monate an einem kühlen Ort ruhen lassen. Filtern und in schöne Karaffen füllen.

Zu viel kann man wohl trinken, doch nie trinkt man genug.
(Gotthold Ephraim Lessing)

Eierlikör & Co.

Neben Likören aus Früchten und Kräutern gibt es auch noch "Klassiker" aus Zutaten, die nicht im Garten oder der freien Natur gepflückt werden können.

Eierlikör

Zubereitungszeit 1 Tag

15 frische Eigelb, 350 ml Zuckersirup, 210 ml Weingeist, 1 EL Vanillezucker, 1 Tropfen Bittermandelöl, je 2 EL Kirschwasser, Weinbrand und Rum, 3 EL Eiweiß, Wasser zum Auffüllen.

Eigelb sorgfältig von Eiweißen trennen und in den Mischbehälter der Küchenmaschine geben. Zuckersirup untermengen und unter ständigem Rühren sehr vorsichtig Weingeist hinzufügen. Anschließend Gewürze und Aromaspirituosen dazugeben, 3 EL Eiweiß unterrühren und mit Wasser bis zur 1-Liter-Marke auffüllen. Alles in ein großes Einmachglas umfüllen und im Wasserbad (50° C) unter ständigem Rühren erwärmen. Nach dem Abkühlen und dem Abfüllen in Flaschen ist der Eierlikör trinkfertig.

Eierlikör mit Marsala

Zubereitungszeit 6 Wochen

*5 Eigelb, 350 g Zucker,
220 ml süße Sahne,
1/4 l trockener Marsala,
1 EL Vanillezucker,
8 Unzen (ca. 250 ml) Brandy.*

Eigelb mit Zucker schaumig schlagen und im Wasserbad erwärmen. Langsam Sahne, Vanillezucker und die Hälfte des Marsalas hineinrühren, bis die Masse eindickt. Im Wasserbad rund fünf Minuten unter Rühren köcheln lassen. Vom Herd nehmen und weiter rühren, bis die Masse abkühlt. Dabei

Klümpchen entfernen. Den übrigen Marsala und den Brandy dazugeben. In Flaschen füllen und fest verschließen. Gut schütteln. Rund sechs Wochen reifen lassen.

Schmeckt besonders gut zu frischem Gebäck oder Eiskrem!

Schokoladenlikör

Zubereitungszeit 1 Tag

*150 ml Vollmilch,
100 g fettarmes Kakaopulver,
300 ml Zuckersirup,
1 EL Vanillezucker, 3 Eier,
300 ml Weinbrand.*

Milch kurz aufkochen und Kakaopulver sorgfältig unterrühren. Die noch heiße Flüssigkeit in die Küchenmaschine oder den Mixer geben und auf 35° C abkühlen lassen. Dann Zuckersirup, Vanillezucker und Eier hinzufügen. Alles gut mischen. Anschließend unter ständigem Rühren tropfenweise den Weinbrand dazugeben. Den fertigen Likör im Wasserbad auf 50 ° C erwärmen und sofort in eine Karaffe abfüllen.

Rasch verbrauchen, da sich der Schokoladenlikör schnell entmischt.

Crème de Coco

Zubereitungszeit 6 Wochen

*500 g frisches
Kokosnussfleisch,
1 Vanilleschote,
1/4 l Zuckersirup,
1/2 l Wodka.*

Kokosnussfleisch von der braunen Schale befreien und in kleine Stücke schneiden. Zusammen mit der Vanille mit Wodka übergießen und drei Wochen ziehen lassen. Ein Mal wöchentlich sanft schütteln. Durch ein Mulltuch abfiltern und dabei die Kokosnussstück kräftig ausdrücken. Zuckersirup dazugeben und kräftig schütteln. In Flaschen abfüllen und weitere drei Wochen reifen lassen.

Schmeckt wunderbar auf Eis oder als Grundlage für Mixgetränke.

Haselnusslikör

Zubereitungszeit 2 Wochen

500 g Haselnüsse, 1/4 l Weingeist, 1/2 l Wasser, 500 g Zucker, Rum, Wasser zum Auffüllen, Zuckercouleur.

Haselnüsse grob hacken und kurz anrösten. Mit Weingeist und 1/4 l Wasser übergießen und im dicht verschlossenen Einmachglas zwei Wochen an einem warmen Ort ziehen lassen. Aus Zucker und dem übrigen Viertelliter Wasser eine Zuckerlösung herstellen. Haselnussextrakt abfiltern und mit der Zuckerlösung vermischen. Mit Rum abschmecken und mit Wasser auf 1 Liter auffüllen. Einfärben und in Flaschen füllen.

Mandellikör

Zubereitungszeit 1 Woche

*1 EL Mandel-Extrakt,
350 ml Weinbrand,
100 ml Zuckersirup.*

Alle Zutaten miteinander vermischen und in eine schöne Karaffe füllen. Eine Woche reifen lassen, dann schnell verbrauchen. Genießer verfeinern ihren Mandellikör noch mit Rosinen oder einer Prise Zimt – schmeckt himmlisch!

*Wer nur Wasser trinkt,
hat etwas zu verbergen.*
(Charles Baudelaire)

Exotic Coffee Rum

Zubereitungszeit 3 Wochen

450 ml Wasser, 450 g brauner Zucker, 100 g Instantkaffee, 1 Vanilleschote, je 1 Prise Zimt, grüner Kardamom und Ingwer, 350 ml Rum, Zuckercouleur.

Zucker in kochendem Wasser auflösen. Vom Herd nehmen. Instantkaffee dazugeben, verrühren, abkühlen lassen. Gewürze und Rum hinzufügen, in eine Flasche geben, verschließen und kräftig schütteln. Drei Wochen ziehen lassen. Abfiltern und nach Wunsch einfärben. In kleinen Flaschen aufbewahren.

Pistachio Liqueur

Zubereitungszeit 5 Wochen

350 g ungesalzene Pistazien,
1 Prise Zimt,
1 Prise Nelkenpulver,
½ l Wodka, ¼ l Zuckersirup.

Pistazien schälen und fein hacken. Mit den Gewürzen vermischen, mit Wodka übergießen und zwei Wochen ziehen lassen. Ein Mal täglich kräftig schütteln. Abfiltern und mit Zuckersirup vermischen. In Flaschen abfüllen und drei Wochen reifen lassen.

Schneller Kaffeelikör

Zubereitungszeit 1 Tag

*10 g Instantkaffee, 320 g Zucker,
1 EL Vanillezucker,
je 300 ml warmes Wasser und
Weingeist, 60 ml Weinbrand,
Zuckercouleur,
Wasser zum Auffüllen.*

Instantkaffee mit Zucker und Vanillezucker im warmen, nicht kochendem (!) Wasser auflösen. Abkühlen lassen und mit Weingeist und Weinbrand vermischen. Mit Zuckercouleur einfärben und bis zur 1-Liter-Marke mit Wasser auffüllen. In kleine Flaschen geben.

Vanillelikör

Zubereitungszeit 2 Wochen

5 Vanilleschoten,
150 g weißer Kandiszucker,
0,7 l Arrak, Zuckercouleur.

Vanilleschoten in kleine Stücke schneiden und in eine Flasche stecken. Kandiszucker und Arrak hinzufügen. Verschließen und gut schütteln. Zwei Wochen ziehen lassen. Dabei täglich ein Mal schütteln. Abfiltern, nach Belieben einfärben und in saubere Flaschen füllen.

Moccalikör

Zubereitungszeit 1 Tag

30 g Moccabohnen,
½ l kochendes Wasser,
1 Messerspitze Natron,
⅛ l Wasser, 200 g Zucker,
⅛ l Weingeist, ⅛ l Weinbrand,
Zuckercouleur.

Moccabohnen so fein wie möglich mahlen und mit kochendem Wasser übergießen. Natron darunter mischen und alles eine Stunde ziehen lassen. Zwischendurch immer wieder umrühren. In der Zwischenzeit aus dem restlichen Wasser und dem Zucker eine Zuckerlösung herstellen. Kaffeeextrakt abfiltern und mit der Zuckerlösung vermischen. Nun Weingeist und Weinbrand hinzufügen. Nach Belieben mit Zuckercouleur einfärben und in Flaschen abfüllen.

Fröhliche Tischgenossen und ein guter Tropfen helfen schnell über jeden kleinen Ärger hinweg.

(Volksmund)

Seattle Vanilla Bean

Zubereitungszeit 6 Wochen

*2 Vanilleschoten,
350 ml Wodka,
100 ml Zuckersirup.*

Vanilleschoten mit Wodka übergießen, notfalls in kleine Stücke schneiden, damit sie vollständig mit Flüssigkeit bedeckt sind. Gut schütteln und rund zwei Wochen ziehen lassen. Schoten entfernen und den Ansatz mit Zuckersirup vermischen. Weitere vier Wochen reifen lassen und in Flaschen abfüllen.

Klassischer Teelikör

Zubereitungszeit 2 Wochen

*30 g Darjeeling-Tee,
je 1 Msp. Zimt, Vanille und
unbehandelte Zitronenschale,
5 Rosinen, 80 ml Weingeist,
125 ml Wasser,
Wasser zum Auffüllen,
270 ml Weingeist,
60 ml Rum, 300 ml Zucker-
sirup, Zuckercouleur.*

Tee und Gewürze mit einer Mischung aus 80 ml Weingeist und 125 ml Wasser übergießen. Eine Woche ziehen lassen. Ansatz abfiltern und den Rückstand mit so viel Wasser übergießen, bis die 200-ml-Markierung erreicht ist. Tee-Extrakt mit 270 ml Weingeist, Rum und Zuckersirup vermischen. Mit Wasser auf 1 Liter auffüllen und nach Belieben mit Zuckercouleur verschönern. Rund eine Woche reifen lassen und in Flaschen abfüllen.

Teelikör Simone
Zubereitungszeit 10 Tage

125 g Zucker, 1/8 l Wasser,
25 g Ceylon-Tee,
600 ml kochendes Wasser,
1/4 l Cognac, 1 Vanilleschote.

Den Zucker mit ¹/₈ l Wasser vermischen und unter ständigem Rühren zum Kochen bringen. Etwa zwei Minuten lang sprudelnd kochen lassen, dann den Topf vom Herd nehmen und die Flüssigkeit abkühlen lassen. In der Zwischenzeit Tee mit kochendem Wasser aufbrühen. Rund drei Minuten ziehen lassen und durch ein Sieb abgießen. Cognac hinzufügen und alles gut vermischen. Vanilleschote längs halbieren und in eine Flasche geben. Likör darüber gießen und fest verschließen. An einem kühlen und dunklen Ort 10 Tage reifen lassen.

Bierlikör

Zubereitungszeit 4 Monate

*4 Flaschen Bockbier,
1 kg brauner Zucker,
2 Vanilleschoten, 1 Zimtstange,
1/4 TL Zimt, 1 l Korn.*

Bockbier in einem Topf aus Edelstahl mit Zucker verrühren. Gewürze hinzufügen und alles auf kleiner Flamme zum Kochen bringen. Hitze verringern und rund eine halbe Stunde köcheln lassen. Vom Herd nehmen, eine Stunde ziehen lassen, abfiltern und noch ein Mal bis kurz vorm Siedepunkt erhitzen. Erneut vom Herd nehmen, mit Korn vermischen und zügig in Flaschen füllen. Fest verschließen und vier Monate an einem kühlen Ort reifen lassen.

Der Bierlikör ist eine flüssige Delikatesse, die jede zünftige Brotzeit auflockert und nicht nur bei Männern beliebt ist.

Süße Sünden

Fast so alt wie die Menschheit ist die Lust an der süßen Nascherei. Was liegt da näher als der Gedanke, das Vergnügen noch zu erhöhen und einmal selbst solch köstliche Leckerei herzustellen.

Wie bei der Likörbereitung sollte man auch bei der heimischen Pralinenherstellung darauf achten, nur einwandfreie Zutaten von sehr guter Qualität zu verarbeiten. Handelsübliche Halbfertigprodukte wie Kuvertüre und Marzipan-Rohmasse verkürzen die Zubereitungszeit.

Rumkugeln

50 g bittere Schokolade, 100 g Vollmilchschokolade, 125 g weiche Butter, 125 g Puderzucker, 2 EL Rum, 1 EL Kakao, Kakao zum Formen.

Bitter- und Vollmilchschokolade im heißen Wasserbad schmelzen. Butter gesondert mit dem Puderzucker schaumig rühren. Esslöffelweise die geschmolzene Schokolade zugeben und Rum und Kakao einrühren. Die Masse 1 Stunde kalt stellen. Mit kakaobestäubten Händen aus der Masse kleine Kugeln formen.

Marzipankugeln

*100 g Marzipanrohmasse,
30 g Rosinen,
4 EL Rum,
60 g Vollmilchkuvertüre,
1 EL Zuckerperlen.*

Rosinen in Rum einweichen, in die Marzipanmasse kneten und zu kleinen Kugeln formen. Kuvertüre im Wasserbad zerlassen, die Kugeln eintauchen und sofort mit Zuckerperlen bestreuen.

Knusper-Traum

*40 g Rosinen,
5 EL Rum,
100 g weiße Schokolade,
100 ml Schlagsahne,
30 g Haselnüsse,
30 g Orangeat.*

Rosinen in Rum einweichen. Schokolade im Wasserbad zerlassen, Sahne unterrühren. Haselnüsse grob hacken, mit Orangeat und Rosinen der Schokolade zusetzen. Kurz umrühren, vom Herd nehmen und die Masse mit Hilfe eines Teelöffels in Konfektmanschetten füllen.

Nougat-Marzipan-Röllchen

125 g Marzipanrohmasse, abgeriebene Orangenschale (ungespritzt), 100 g Nougat, 2 EL Kokosraspel.

Marzipan mit abgeriebener Orangenschale verkneten. Marzipan und Nougat zu je einem Streifen 25 x 12 cm auf Backpapier ausrollen, übereinanderlegen und von der breiten Seite her aufrollen. 1 Stunde in den Kühlschrank legen. In Scheiben schneiden. Kokosraspel in einer trockenen Pfanne rösten und die Nougat-Marzipan-Röllchen darin wälzen.

Likör-Törtchen

*1 Ei, 75 g Zucker, 1 Pck. Vanillezucker, 100 g Mehl,
1 gestr. TL Backpulver,
30 g Margarine,
1 EL Himbeergeist,
2 EL Kirschlikör,
4 EL Puderzucker,
Früchte der Saison,
10-12 Papierbackförmchen.*

Ei mit 3 EL Wasser schaumig schlagen und langsam Zucker und Vanillezucker hineinrieseln lassen. So lange schlagen, bis eine cremige Masse entsteht. Mehl und Backpulver mischen und vorsichtig unterheben. Teig

in Backförmchen füllen und im vorgeheizten Ofen bei 200° C 15 Minuten backen. Liköre mischen, Puderzucker einrühren und auf den abgekühlten Teig streichen. Mit Früchten belegen.

Trüffel

Trüffel:
2 EL Rosinen, 8 EL Rum,
¹/₈ l süße Sahne,
300 g Zartbitterkuvertüre,
50 g Kokosfett,
1 EL lösliches Kaffeepulver.
Glasur:
Streuzucker,
500 g Vollmilchkuvertüre.

Die gewaschenen Rosinen mit 2 EL Rum übergießen. Die Sahne auf 30° C erwärmen und die grob zerkleinerte Kuvertüre hineingeben. Im heißen Wasserbad unter Rühren zum Schmelzen bringen. Kokosfett und Kaffeepulver unterrühren. Dann so lange kalt stellen, bis die Masse am Rand fest wird. Backblech einfetten und mit Backpapier belegen. Den übrigen Rum zur Trüffelmasse geben und so lange schlagen, bis Spitzen stehen bleiben. Die Masse in einen Spritzbeutel mit Lochtülle füllen, walnussgroße Häufchen auf das Blech spritzen, die abgetropften Rosinen hineindrücken und zugedeckt über Nacht kalt stellen.

Für die Glasur die Vollmilchkuvertüre im heißen Wasserbad schmelzen, dann etwas abkühlen, aber nicht fest werden lassen. Die Trüffel in die Kuvertüre tauchen und auf Alufolie setzen. Mit Streuzucker verzieren und kühl aufbewahren.

Kaffeehäufchen

50 g Kokosfett, 150 g Haferflocken, 100 g Puderzucker, 1 EL feingemahlener Kaffee, 6 EL süße Sahne, 1 EL Rum, runde Backoblaten.

In einer Pfanne das Kokosfett schmelzen. Die Haferflocken zugeben und goldgelb rösten. In eine Schüssel geben. Puderzucker, Kaffeepulver, Sahne und Rum zufügen und solange rühren, bis die Flüssigkeit aufgesogen ist. Mit zwei Teelöffeln kleine Häufchen abstechen und auf die Oblaten setzen. Anschließend kalt stellen.

Hagebuttenkugeln

*2 EL Hagebuttenmarmelade,
5 EL geriebene Mandeln
oder Nüsse,
abgeriebene Schale
einer halben Mandarine
oder Apfelsine,
Zartbitterkuvertüre.*

Die Marmelade mit den Nüssen mischen und mit der abgeriebenen Schale würzen. Aus der Masse kleine Kugeln formen. Kuvertüre im Wasserbad schmelzen. Die Hagebuttenkugeln in der Überzugsmasse und danach in geriebenen Nüssen wälzen.

Schokoküsschen

¼ l süße Sahne, 4 EL Honig, je 300 g Vollmilch- und Zartbitterkuvertüre, Kakaozucker.

Die Sahne zum Kochen bringen, Honig einrühren, erkalten lassen. Die Vollmilchkuvertüre im heißen Wasserbad schmelzen, lauwarm zur Sahne geben, gut verrühren und danach kalt stellen. Sobald die Masse fest ist, walnussgroße Kugeln formen. Die Zartbitterkuvertüre im heißen Wasserbad schmelzen. Die Kugeln hineintauchen, etwas trocknen lassen und in Kakaozucker wälzen.

Rezeptverzeichnis

Apfelkorn 24
Apfellikör 25
Bierlikör 105
Birnenlikör 35
Brombeerlikör 26
Crema de Plátano 31
Crème de Coco 87
Crème de Framboise 30
Eierlikör 81
Eierlikör mit Marsala 84
Erdbeerlikör 32
Exotic Coffee Rum 92
Grapefruit, blue 36
Hagebuttenlikör 46
Hagebuttenkugeln 120
Haselnusslikör 88

Heidelbeerlikör 38
Himbeergeist 40
Holunderbeerenlikör 54
Holundersirup 18
Kaffeehäufchen 119
Kaffeelikör, schneller 95
Kartäuserlikör 47
Kirschlikör 43
Kiwilikör 62
Kleeschnaps 50
Knusper-Traum 112
Kräuteraperitif 57
Likör-Törtchen 114
Mandellikör 91
Marillengeist 52
Marzipankugeln 110
Moccalikör 97
Nougat-Marzipan-Röllchen 113

Orangenlikör 51
Pfefferminzlikör 72
Pflaume, grüne 64
Pistachio Liqueur 94
Quittenlikör, Großmutters 78
Ribisel, roter 75
Ribisel, schwarzer 75
Rosenlikör 42
Rumkugeln 109
Safransirup 19
Sauerkirschlikör 56
Schlehenlikör 67
Schlehenschnaps 68
Schokoladenlikör 85
Schokoküsschen 122
Seattle Vanilla Bean 100
Teelikör, klassischer 101
Teelikör Simone 102

Traubenlikör 71
Trüffel 116
Vanillelikör 96
Veilchensirup 17
Wacholdergeist 74
Zitronenlikör 60
Zitronenwodka 66
Zuckercouleur 20
Zuckersirup 14
Zuckersirup, bunter 16

Aus dem lieferbaren Mini-Angebot

Kochbüchlein

Apfelessig-Büchlein
Das besondere Backbüchlein
Bierbüchlein • Böhmisches Kochbüchlein
Brotbüchlein • China-Kochbüchlein
Gebackene Desserts
Gelee, Konfitüre & Co. • Gemüseraritäten
Gewürzbüchlein • Grillbüchlein
Honigbüchlein • Italien-Kochbüchlein
Kaffeebüchlein • Kartoffelbüchlein
Kloß- und Knödelbüchlein
Kochbüchlein Berlin & Mark Brandenburg
Kochbüchlein Lausitz • Kochbüchlein
Mecklenburg-Vorpommern
Kochbüchlein Sachsen
Kochbüchlein Sachsen-Anhalt
Kochbüchlein USA • Kraut und Rüben
Küchenkräuterbüchlein • Likör und Pralinen
Ostbüchlein • Ostpreußen-Kochbüchlein
Pfefferkuchenbüchlein • Sauerkrautbüchlein

Schlesisches Kochbüchlein • Teevergnügen
Thüringen kulinarisch • Weinbüchlein
Würzige Knabbereien
Pflanzenbüchlein
Balkonfreuden • Kleine Naturapotheke
Pilzbüchlein • Wildfrüchtebüchlein
Wildkräuterbüchlein
Der besondere Band
ABC der Zimmerer
Berlin für die Westentasche • Das kleine
Bach-Büchlein • Flirt, Flirt • Flotte Sprüche
Frühlingsbüchlein • Goethe-Zitate
Herbstbüchlein • Hundebüchlein
Katzenbüchlein • Lippen locken …
Nietzsche-Zitate • Ostereierbüchlein
Sandmännchen-Büchlein • Schiller-Zitate
Schnupfenbüchlein • Sommerbüchlein
Von Jahr zu Jahr • Wetter- & Bauernregel-
büchlein • Winterbüchlein

BuchVerlag für die Frau
Postfach 100348 • 04003 Leipzig